# Novena do Divino Espírito Santo

Santo Afonso Maria de Ligório

# Novena do Divino Espírito Santo

Petrópolis

© Editora Vozes Ltda.
Rua Frei Luís, 100
25689-900  Petrópolis-RJ
www.vozes.com.br
Brasil

35ª edição, 2013.

3ª reimpressão, 2022.

Todos os direitos reservados. Nenhuma parte desta obra poderá ser reproduzida ou transmitida por qualquer forma e/ou quaisquer meios (eletrônico ou mecânico, incluindo fotocópia e gravação) ou arquivada em qualquer sistema ou banco de dados sem permissão escrita da editora.

## CONSELHO EDITORIAL
**Diretor**
Gilberto Gonçalves Garcia

**Editores**
Aline dos Santos Carneiro
Edrian Josué Pasini
Marilac Loraine Oleniki
Welder Lancieri Marchini

**Conselheiros**
Elói Dionísio Piva
Francisco Morás
Ludovico Garmus
Teobaldo Heidemann
Volney J. Berkenbrock

**Secretário executivo**
Leonardo A.R.T. dos Santos

―――――――――――――

*Projeto gráfico e capa*: AG.SR Desenv. Gráfico

ISBN 978-85-326-0249-7

Este livro foi composto e impresso pela Editora Vozes Ltda.

# Orações preparatórias

### A sequência da missa

Vinde, Espírito Santo, e do céu enviai um raio de vossa luz!

Vinde, Pai dos pobres; vinde, doador dos bens; vinde, luz dos corações!

Consolador supremo, doce hóspede da alma, suave refrigério.

Nos trabalhos sois repouso; sois alívio no ardor; e nas lágrimas, consolo.

Ó luz beatíssima, enchei até ao íntimo os corações dos vossos fiéis!

Sem a vossa graça nada existe no homem, nada há de puro.

Lavai toda mancha. Regai toda aridez. Sarai toda ferida.

Abrandai o que é rígido. Aquecei o que é frígido. Encaminhai os desviados!

Concedei aos fiéis que em vós confiam os sete dons sagrados.

Dai-lhes o mérito da virtude; dai-lhes a salvação final e o gozo perene. Amém.

### Súplica do Espírito Santo pelo Brasil

Ó Divino Espírito Santo, nós, unidos de alma e coração à santa Igreja católica, apostólica, romana, e querendo seguir em tudo os ensinamentos do vigário de Cristo na terra, prostrados na vossa presença, vos pedimos, com todas as veras da nossa alma, que vos digneis afervorar a fé nacional com uma profusão de luzes e graças especialíssimas, para que o **Brasil** seja fiel à sua missão de povo cristão e católico.

Ó Espírito Divino, como no cenáculo, vinde renovar a face da terra; acudi às necessidades urgentes da Santa Igreja; e dai aos brasileiros a energia cristã, que os torne sempre mais dignos de vós.

E vós, **ó Virgem Imaculada Aparecida**, padroeira da nossa Pátria, patrocinai, com o vosso valor onipotente junto de Deus Pai, Filho e Espírito Santo, esses nossos votos, para honra e glória vossa e felicidade de todo o Brasil.

Glória-ao-Pai.

## Jaculatórias

Ó Espírito Santo, doce hóspede de minha alma, ficai comigo e fazei que eu sempre fique convosco.

Espírito Santo, Espírito de verdade, vinde em nossos corações; dai aos povos a claridade da vossa luz, para que vos agradem na unidade da fé.

Divino Paráclito, sede a luz que dissipa as trevas da terra de Santa Cruz: fazei que todos os brasileiros sejam um só coração e uma só alma no vosso amor. Amém.

Segue a Leitura assinalada para o respectivo dia. Ao finalizar, a seguinte

## Oração para alcançar os sete dons do Espírito Santo

Vinde, Espírito Santo, enchei os corações de vossos fiéis e acendei neles o fogo de vosso amor!

Ó Espírito Santo, concedei-me o dom do temor de Deus, para que eu sempre me lembre, com suma reverência e profundo respeito, da vossa divina presença; trema, como os mesmos anjos, diante de vossa divina majestade, e nada receie tanto como desagradar aos vossos santos olhos.

Ave-Maria.

Espírito Santo, concedei-me o dom da piedade, que me tornará delicioso o trato e o colóquio convosco na oração e me fará amar a Deus com íntimo amor, como a meu Pai, a Maria Santíssima como a minha Mãe e a todos os homens como a meus irmãos em Jesus Cristo.

Ave-Maria.

Espírito Santo, concedei-me o dom da ciência, para que eu conheça cada vez mais as minhas próprias misérias e fraquezas, a beleza da virtude e o valor inestimável da alma; e para sempre veja claramente as ciladas do demônio, da carne e do mundo, a fim de poder evitá-las.

Ave-Maria.

Espírito Santo, concedei-me o dom da fortaleza, para que eu despreze todo respeito humano, fuja do pecado, pratique a virtude com santo fervor e afronte com paciência, e mesmo com alegria de espírito, os desprezos, prejuízos, perseguições e a própria morte antes que renegar por palavras e por obras ao meu amabilíssimo Senhor Jesus Cristo.

Ave-Maria

Espírito Santo, concedei-me o dom do conselho, tão necessário em tantos passos melindrosos da vida, para que sempre escolha o que mais vos agrade, siga em tudo a vossa divina graça e com bons e carinhosos conselhos socorra ao próximo.

Ave-Maria.

Espírito Santo, concedei-me o dom da inteligência, para que eu, alumiado pela luz celeste de vossa graça, bem entenda as sublimes verdades da salvação, a doutrina da santa religião.

Ave-Maria.

Espírito Santo, concedei-me o dom da sabedoria, a fim de que eu, cada vez mais, goste das coisas divinas e, abrasado no fogo do vosso amor, prefira com alegria as coisas do céu a tudo que é mundano e me una para sempre a Jesus, sofrendo tudo neste mundo por seu amor.

Ave-Maria.

Vinde, Espírito Criador, visitai-me e enchei o meu coração, que vós criastes, com a vossa divina graça. Vinde e repousai sobre mim, Espírito de sabedoria e inteligência, Espírito de conselho e fortaleza, Espírito de ciência, de piedade e de temor de Deus. Vinde, Espírito Divino, ficai comigo e derramai sobre mim a vossa divina bênção. Amém.

# Novena do Espírito Santo
## PRIMEIRO DIA
### O amor de Deus é fogo que inflama

1. No Antigo Testamento mandara Deus que o fogo ardesse sempre no seu altar. "O fogo no altar deve estar

sempre aceso" (Lv 6,6). São Gregório diz serem os nossos corações os altares de Deus nos quais o fogo do amor divino deve arder sempre. Por isto não bastou ao eterno Pai mandar-nos seu Filho Jesus Cristo que nos remisse por sua morte: mas também quis dar-nos o Espírito Santo para morar nos nossos corações e os abrasar continuamente com sua caridade. O próprio Jesus Cristo nos afirma que veio à terra para inflamar os nossos corações com este fogo santo e que nada tanto deseja como ver que arda em chamas: "vim lançar fogo à terra e que quero senão que se acenda?" (Lc 12,49). Esquece as ofensas e a ingratidão que recebeu dos homens na terra e, tendo subido ao céu, manda-nos o Espírito Santo. Assim, pois, nos amais, ó amável Redentor, na vossa glória tanto quanto na vossa ignomínia e paixão.

Por isso o Espírito Santo desceu na forma de línguas ardentes no cenáculo sobre os discípulos. Pela mesma razão a Santa Igreja nos manda rezar: "Rogamo-vos, Senhor, que o Espírito Santo nos inflame naquele fogo que Nosso Senhor Jesus Cristo lançou a esta terra e que deseja ver arder grandemente". Este santo fogo abrasava os santos para praticar feitos por Deus: amar os inimigos, desejar humilhações, desapegar-se de todos os bens desta terra, suportar os tormentos do martírio e até a morte com alegria.

2. O amor não pode estar ocioso; nunca diz: Basta. Quanto mais uma alma amante de Deus faz, tanto mais vivo torna-se seu desejo de trabalhar mais ainda para merecer sua complacência e seu amor. Este fogo os inflama na oração contemplativa: "Quando contemplava, acendeu-se em mim o fogo" (Sl 38,4). Querendo, pois, abrasar-nos no amor de Deus, devemos amar a oração contemplativa

por ser a fornalha que em nós faz arder o fogo do amor divino.

Até agora nada fiz por vós, meu Deus, enquanto vós por mim tanto fizestes! Ah! minha tibieza deveria já vos ter impelido a lançar-me fora da vossa boca.

Ó Espírito Santo, aquecei o que é frio, excitai em mim um grande desejo de agradar-vos. Abomino todo amor-próprio e antes quero morrer que vos desagradar no mínimo ponto. Aparecestes em forma de línguas ardentes; por isso dedico-vos minha língua para nunca mais ofender-vos com ela. Meu Deus, vós ma destes para anunciar vosso louvor; eu, porém, a tenho usado para vos ofender e seduzir outros ao pecado. Arrependo-me do fundo de minha alma. Por amor de Jesus Cristo, que durante sua peregrinação terrestre tanto promoveu por sua língua a vossa glória, dai-me a graça que vos honre deveras, cante vosso louvor, invoque vosso auxílio, e pregue vossa bondade e infinita amabilidade. Amo-vos, meu sumo Bem, amo-vos, ó Deus de amor.

Ó Maria, predileta esposa do Espírito Santo, impetrai-me este fogo do amor divino. Amém.

## SEGUNDO DIA
### O amor de Deus é luz que ilumina

1. Um dos maiores males que produziu o pecado original é que nossa inteligência se obscureceu pelas paixões. Oh! quão miserável é uma alma dominada por uma paixão! A paixão é como uma neblina, um véu que nos impede de conhecer a verdade. Como alguém pode fugir ao mal, se não sabe o que é mal? Quanto mais pecados cometemos, em tanto maiores trevas fica nosso interior.

Mas o Espírito Santo, chamado "Luz bem-aventurada", não só inflama com suas divinas chamas o amor nos corações, mas também espanta as trevas dos corações e faz-nos conhecer claramente a vaidade de todos os bens terrestres, o valor dos celestes, a importância da salvação da alma, o grande tesouro da graça de Deus, sua bondade, o amor imenso que nos dedica. O homem que macula sua alma por deleites sensuais pouco entende destas verdades. E por isso o infeliz ama o que devia odiar e odeia o que devia amar.

2. Santa Madalena de Pazzi exclamava: "Ó amor, não és conhecido, ó amor, não és amado!" Por isso podia Santa Teresa dizer não ser Deus amado por não ser conhecido. Continuamente pediam os santos que Deus os iluminasse sempre mais. "Mandai vossa luz, exclamavam, iluminai minha escuridão, abri meus olhos!" E agiam bem, pois sem luz não podemos evitar os precipícios, não podemos achar a Deus.

Ó Divino Espírito Santo, creio que sois verdadeiro Deus em perfeita unidade com o Pai e o Filho. Eu vos adoro como causa de todas as iluminações que me fizeram conhecer quão deplorável mal cometi com o pecado e quanto sou obrigado de vos amar. Eu por tudo vos agradeço e pesa-me de vos ter ofendido. Mereci que me deixásseis nas trevas: agora, porém, sei que não me repelistes. Iluminai-me também para o futuro, ó Espírito Santo, fazei-me conhecer sempre mais vossa infinita bondade e concedei-me a graça de amar-vos de todo coração. Outorgai-me tantas graças que seja vencido por elas e coagido a amar-vos acima de tudo. Pelos merecimentos de Jesus Cristo vos peço esta graça. Amo-vos, meu sumo Bem, amo-vos mais que a mim mesmo. Quero pertencer-vos inteiramente. Aceitai-me e não permitais que eu seja separado de vós.

Ó minha boa Mãe Maria Santíssima, assisti-me com vossa intercessão. Amém.

## TERCEIRO DIA
### O amor de Deus é água que estanca a sede

1. O amor de Deus também é chamado "fonte viva". Nosso Salvador disse à samaritana: "Quem beber da água que eu lhe der nunca terá sede" (Jo 4,14). O amor de Deus é uma água que mata a sede; pois quem de fato ama a Deus já nada mais busca e deseja, achando em Deus todo o bem. Alegre e contente exclama: "Meu Deus e meu tudo". Por isso o Senhor se queixa de tantas almas que mendigam míseros e passageiros gozos às criaturas, deixando o infinito Bem, a fonte de todas as alegrias. "A mim, a fonte das águas vivas, deixaram, e cavaram cisternas, cisternas fendidas que não contêm água" (Jr 2,12). Deus nos ama e quer nos ver felizes, por isso exclama: "Se alguém tem sede, venha a mim" (Jo 7,37). Quem deseja ser feliz venha a mim para eu lhe dar o "Espírito Santo, que o tornará feliz na terra e bem-aventurado no céu. E continua dizendo: "Quem crê em mim, como diz a Escritura, rios de água viva manarão do seu interior" (Jo 7,38). Quem crer e amar a Jesus Cristo será enriquecido de tantas graças que do seu coração, isto é, sua vontade, fluirão fontes de santas virtudes que não só conservarão nele mesmo a vida da graça mas também farão que outros a alcancem. Esta água de que fala o Salvador é o Espírito Santo, o Amor essencial que prometeu mandar depois de sua ascensão: "E isto disse ele do Espírito que haviam de re-

ceber os que nele cressem; porque o Espírito Santo ainda não fora dado porque Jesus ainda não tinha sido glorificado" (Jo 7,39).

2. A chave com a qual abrimos a porta a esta água santificante é a santa oração que nos alcança todo o bem, conforme a palavra do Redentor: "Pedi e recebereis". Somos cegos, mendigos, miseráveis; mas pela oração recebemos luz, força e todos os tesouros da graça. Teodoreto diz: "A oração, sendo uma única, recebe tudo". Quem pede recebe o que deseja. Deus quer nos dar suas graças, mas exige que lhas peçamos.

Com a samaritana vos peço, meu Jesus: Dai-me esta água do vosso amor para que esqueça tudo o que é terreno e viva só para vós que sois imensamente amável. "Irrigai o que é seco". Minha alma é como terra seca que não dá senão os espinhos e abrolhos do pecado. Refrigerai-a com vossa graça para produzir antes da minha morte algum fruto para vossa maior glória. Ó fonte de água viva, meu sumo bem, quantas vezes vos abandonei para buscar gozos impuros pelos quais perdi vosso amor. Oxalá morresse antes de vos ter ofendido. Para o futuro nada quero procurar a não ser a vós, meu Deus. Ajudai-me e fazei que vos fique fiel.

Maria, minha esperança, protegei-me sob vosso manto. Amém.

## QUARTO DIA
### O amor de Deus é orvalho que fecunda

1. A santa Igreja ensina-nos a rezar: "A infusão do Santo Espírito purifique nossos corações, irrigue, penetre e fecunde-os com seu orvalho". O amor de Deus fecunda nossos bons desejos, nossos santos propósitos e piedosas obras. Estas são as flores e frutos que produz a graça do Espí-

rito Santo. O amor também é chamado orvalho porque mitiga as más paixões e tentações. Por isso com justiça o Espírito Santo chama-se "refrigério e doce frescura no ardor". Rezando cai este orvalho nos nossos corações. Um quarto de hora de oração basta para subjugar o ódio supremo e o amor mais desregrado. "Conduze-me à adega de vinho e ordena em mim o amor" (Ct 2,4). A oração contemplativa é esta adega de vinho em que nosso amor é ordenado de modo que amemos ao próximo como a nós mesmos e a Deus acima de tudo. Quem ama a Deus ama a oração, e quem não ama a oração, a este é quase impossível reprimir as paixões.

2. Ó Divino Espírito Santo, já não quero viver por mim, e sim usar todos os dias do resto da minha vida para agradar-vos e vos amar. Vinde em pessoa ao meu coração e ensinai-me a rezar como devo rezar. Dai-me a graça de nunca deixar a oração por tédio; dai-me o espírito de oração, isto é, a graça de rezar sempre por aquilo que agrada mais ao vosso coração divino. Por meus pecados já seria réu da condenação eterna, mas pelo bondoso amor com que me tratais reconheço que me quereis fazer perfeito e feliz. Quero, pois, ser perfeito para vos agradar e amar vossa infinita misericórdia sempre mais intimamente. Amo-vos, meu sumo Bem, meu amor, meu tudo, e porque vos amo eu me dedico todo e sem restrição a vós.

Ó Maria, minha esperança, amparai-me. Amém.

## QUINTO DIA
### O amor de Deus é descanso que deleita

1. O amor de Deus é chamado ainda: "Descanso no trabalho, consolo nas lágrimas". O amor de Deus é descanso que deleita; pois o efeito principal do amor consiste

em que a vontade do amante seja unida à vontade do amado. O pensamento de estar fazendo a vontade do amado basta a uma alma amante de Deus para sossegá-la nas perseguições, doenças e perdas. Da única palavra "Deus o quer" haure paz e contentamento em todas as tribulações. Esta é aquela paz que ultrapassa todos os gozos terrestres, "sobrepuja toda a compreensão". Santa Maria Madalena de Pazzi, só ao pronunciar as palavras "vontade de Deus", enchia-se de alegria. – Cá na terra cada um tem que carregar sua cruz. Mas a cruz é pesada só para aquele que a carrega constrangido, não para o que a toma aos ombros com alegria (Santa Teresa). Assim fere e sara o Senhor ao mesmo tempo; pois o Espírito Santo por suas doces consolações faz que injúrias e dores se nos tornem suaves e agradáveis.

2. Em todas as contrariedades que encontramos deve ser nosso lema: "Faça-se, Senhor, pois tal é a vossa vontade". Ansiando-nos o medo de infortúnios, devemos dizer a Deus: "Fazei, ó Deus, o que é de vosso agrado; estou preparado para aceitar tudo que me mandardes". Também é proveitoso oferecer-se durante o dia várias vezes como vítima a Deus, como costumava fazer Santa Teresa.

Ó meu Deus, quantas vezes, para contentar minhas inclinações pecaminosas, me opus à vossa santa vontade e até a desprezei. Isto me dói mais que qualquer outro mal. Ó meu Deus, de hoje em diante quero amar-vos de todo o coração.

"Falai, Senhor, que vosso servo escuta". Dizei o que exigis de mim e farei tudo. Meu único desejo, o único objeto de meu amor será sempre vossa vontade. Ó Espírito Santo, consolai minha fraqueza! Sois a própria bondade. Como podia amar outra coisa senão a vós? Atraí pela doçura de vosso amor todas as minhas inclinações! Deixarei tudo para me dar todo a vós. Aceitai-me e ajudai-me.

Ó minha Mãe Maria Santíssima, em vós ponho toda a minha confiança. Amém.

## SEXTO DIA
### O amor de Deus é força que alenta

1. "Forte como a morte é o amor" (Ct 8,6) Assim como no mundo não há poder que resista à morte, não há também para a alma que ama a Deus uma dificuldade, que finalmente não ceda ao amor. Se for preciso agradar ao amado, o amor suporta tudo: danos, desprezos, dores. Nada é tão duro que resista ao amor. O sinal, pois, do lídimo amor de Deus consiste em a alma ser fiel ao Senhor não só no bem-estar, mas também nas tribulações. "Deus tanto é amável quando manda contrariedades, diz São Francisco de Sales, como quando concede consolações, porque fez tudo por amor de nós". Até quanto mais nos castiga, tanto mais nos ama. São João Crisóstomo considerava São Paulo mais feliz por ter sido acorrentado do que por ter sido arrebatado ao terceiro céu. Por isso os santos mártires se regozijavam no meio dos tormentos. Agradeciam a Deus pelos padecimentos como pelo maior benefício que lhes podia fazer. Os outros santos, não torturados pelos tiranos, tornaram-se por suas obras de penitência seus próprios algozes.

2. Diz Santo Agostinho: "Quem ama não se cansa, e se cansar ama o cansaço". – Ó Deus de minha alma, afirmo que vos amo, mas que já tenho feito por vós? – Nada! É um sinal que vos amo bem pouco ou nada. Mandai-me, pois, meu Jesus, o Espírito Santo, para me conceder força de, antes de morrer, padecer e trabalhar um pouco por vós. Não me deixeis neste estado de tibieza e ingratidão, no qual até agora vivi. Dai-me força de amar os padecimentos depois de ter cometido tantos pecados, pelos quais tenho merecido o inferno. Ó meu Deus, todo bondade e amor, desejais morar neste coração, do qual tantas vezes vos expulsei. Vinde e fazei nele vossa mansão. Tomai posse dele para que vos pertença inteiramente. Amo-vos, meu Deus! E, amando-vos, já vos tenho dado hospedagem, pois São João me afirma: "Quem permanece na caridade permanece em Deus e Deus nele" (1Jo 4,10). Estando vós, pois, comigo, aumentai minha caridade. Ligai-me fortemente com as cadeias da caridade que nada deseje, nada busque, nada estime senão a vós. Viva eu unido a vós e nunca separado do vosso amor. Quero pertencer-vos, meu Jesus, pertencer-vos inteiramente.

Minha rainha e intercessora, Maria, alcançai-me amor e perseverança. Amém.

## SÉTIMO DIA
### O amor de Deus é hóspede que não admite um outro na alma

1. O Espírito Santo é chamado hóspede da alma: "Doce hóspede da alma". Este hóspede, Jesus o prometeu aos que o amam, dizendo: "Se me amais, rogarei ao Pai, e ele

vos dará outro consolador para que fique convosco para sempre" (Jo 14,15-16). O Espírito Santo nunca abandona a alma, se não for expulso por ela mesma. "Só abandona, diz um autor, quando é abandonado". Deus, portanto, mora num coração que o ama; mas ele mesmo declara só estar contente se o amarmos de todo o coração. Santo Agostinho narra que os romanos pagãos não queriam ter Jesus Cristo no número dos seus deuses por ser um Deus orgulhoso que exigia toda a adoração para si. Tinham razão; pois realmente o Salvador não admite rival num coração. Sozinho quer viver nele, sozinho quer ser amado; e quando outra criatura tem parte no nosso coração, olha-a, por assim dizer, com olhares invejosos. São Tiago escreve: "Ou cuidais vós que em vão diz a Escritura: O Espírito que em vós habita tem desejo de inveja" (Tg 4,5)? Em uma palavra, diz São Jerônimo, "Jesus é um Deus cioso". Por isso o Esposo divino louva as almas que como rolas vivem solitárias e longe do mundo: "Tuas faces são belas como as da rola" (Ct 1,9). Por isso exige que o mundo não tenha parte no amor que quer possuir sozinho, chamando a esposa um jardim fechado: "És um jardim fechado, ó minha irmã-esposa" (Ct 4,12). És um jardim fechado a qualquer amor terrestre.

2. Porventura Jesus não merece nosso amor? Diz São João Crisóstomo: "Deu-te tudo, nada te subtraiu". Sua vida e seu sangue deu por ti, e nada lhe resta que te pudesse oferecer.

Reconheço, meu Deus, quanto exigis que eu seja inteiramente vosso. Apesar de eu ter-vos tantas vezes lançado fora do meu coração, voltastes sempre a unir-vos comigo. Possuí meu coração totalmente; eu vo-lo apresento todo inteiro. Aceitai-me, meu Jesus, e não permitais que no futuro viva um só instante sem amar-vos. Vós me procurais; também eu nada quero além de vós. Vós exigis que vos pertença; eis que meu coração nada cobiça a não ser a vós. Vós me amais; também eu vos amo. E porque vós me amais, eu me uno estreitamente a vós, para jamais ser separado de vós.

Maria, Rainha dos céus, em vós ponho toda a minha confiança. Amém.

## OITAVO DIA
### O amor de Deus é vínculo que nos liga a Deus

1. Assim como o Espírito Santo, o Amor incriado, é um vínculo insolúvel que liga o Pai ao Filho, assim também é vínculo que liga a alma a Deus. "O amor de Deus, diz Santo Agostinho, é uma virtude que nos liga a Deus". Por isso São Lourenço Justiniani exclamava, cheio de alegria: "Ó amor, que fortíssimo laço és tu, por seres capaz de prender a Deus a nossas almas!" Os laços deste mundo são laços de morte; os laços de Deus são laços de vida e salvação. "Seus laços são laços salutares" (Ecl 16, 31). Eles nos unem a Deus, que é nossa vida verdadeira e única.

Antes de Jesus Cristo ter vindo a este mundo, fugiam os homens de Deus. Estando apegados aos bens terrenos, não queriam unir-se a seu Criador. Mas nosso amável Deus os atraiu a si com os laços do amor, como prometera pelo profeta: "Com laços humanos os atraí, com laços de amor" (Os 11,4). Estes laços de amor são: os benefícios que nos fez; as iluminações que nos deu; o mandamento de o amar; a promessa do reino dos céus; especialmente por nos ter dado seu Filho na cruz e no Santíssimo Sacramento do Altar, e finalmente a vinda do Espírito Santo. Por isso clama o profeta: "Desliga os laços do teu pescoço, cativa filha de Sião" (Is 52,2). Ó alma criada para o céu, solta os laços terrenos e une-te a Deus pelo laço do seu santo amor. "Tende a caridade que é o vínculo da perfeição" (Cl 3,14).

2. O amor é um laço que inclui todas as virtudes e dá à alma a perfeição. "Ama e faze o que queres", diz Santo Agostinho. Pois quem ama a Deus foge de tudo que possa desagradar a seu amado e procura em tudo a complacência de Deus.

Meu amado Jesus, sobremodo obrigastes-me a vosso amor. Custou-vos tanto ganhar meu amor. Seria, pois, imensa ingratidão, se vos amasse pouco ou dividisse meu amor entre vós e as criaturas, vós, que derramastes vosso sangue por mim. Quero desapegar-me de tudo e dedicar-vos todas as inclinações. Mas sou muito fraco para realizar meu desejo; dai-me, vós que me inspirastes estes sentimentos, também a força de pô-los em obra. Feri, ó Jesus, meu pobre coração com as setas de vosso amor para que continuamente suspire por vós, vos busque, vos deseje e vos ache. Meu Jesus, só quero a vós, só a vós. Concedei-me repetir muitas vezes na vida e principalmente na morte as palavras: "Quero só a vós, a vós só".

Ó Maria, minha Mãe, impetrai-me a graça que de hoje em diante nada queira senão a Deus. Amém.

## NONO DIA
### O amor de Deus é um tesouro que contém em si todos os bens

1. O amor de Deus é aquele tesouro do qual diz o Evangelho que se deve deixar tudo para alcançá-lo. Pois o amor

nos faz participar da amizade de Deus. "É um tesouro infinito; quem dele usa recebe a amizade de Deus" (Sb 7,14). "Ó homem, diz Santo Agostinho, por que procuras bens? Procura um bem que encerra todos os bens". Mas este único bem: Deus, não podemos achar, se não deixarmos os bens terrestres. Santa Teresa dizia: "Aparta teu coração das criaturas, e encontrarás a Deus". Quem encontra a Deus encontra tudo que pode desejar: "Deleita-te no Senhor, e ele te dará o que teu coração almejar" (Sl 36,4). O coração humano ininterruptamente apetece bens que o tornem feliz. Caso procure estes bens nas criaturas, não será saciado. Se, porém, chegar ao ponto de nada desejar senão a Deus, o Senhor saciará todos os seus desejos. Quem é pois mais feliz na terra que os santos? E por quê? Porque nada querem, nada desejam senão a Deus.

Um príncipe encontrou numa caçada no mato um eremita e perguntou-lhe o que buscava na solidão. Replicou o eremita: "E vós, príncipe, que buscais vós?" "Caço animais ferozes", respondeu ele. "E eu, rematou o eremita, procuro caçar o próprio Deus". Oferecendo um perseguidor a São Clemente ouro e pérolas se renegasse a Cristo, exclamou com um suspiro o santo: "Como é possível comprar a Deus com um pouco de pó?"

2. Feliz aquele que conhece quão grande tesouro é o amor de Deus e que procura alcançá-lo. Tendo-o achado, por própria iniciativa se despojará de todos os bens terrestres para nada possuir senão a Deus. "Estando a casa em chamas, diz São Francisco de Sales, lança a mobília janela afora". O servo de Deus Pe. Ségneri Júnior costumava dizer ser o amor de Deus um ladrão que nos rouba todas as inclinações terrestres de modo que pode-

mos exclamar: "Que outra coisa posso querer a não ser Deus!"

Até agora, meu Deus, não busquei a vós, mas só a mim e minhas inclinações e assim vos voltei as costas, meu sumo bem. Porém consola-me a palavra do profeta: "Bom é o Senhor à alma que o busca" (Lm 3,25). Ela me diz, meu Deus, que sois cheio de bondade para com aqueles que vos procuram. Amado Salvador, reconheço que grande mal fiz, apartando-me de vós; arrependo-me de todo o coração. Reconheço que tesouro infinito sois vós e já não quero abusar deste conhecimento. Tudo repudio e escolho a vós como único objeto de meu amor. Meu Deus, meu amor, meu tudo, amo-vos, desejo-vos, suspiro por vós. Espírito Santo, vinde e destruí em mim pelo fogo de vosso amor todas as inclinações que não sejam para vós. Dai-me que pertença inteiramente a vós e vença tudo para agradar a vós.

Minha intercessora e mãe Maria, acudi-me por vossas preces. Amém.

# Orações ao Espírito Santo

## DURANTE O ANO LITÚRGICO

### Para o tempo do Natal

Divino Espírito Santo, Espírito de verdade e de amor que desde o princípio do mundo tendes preparado a humanidade prevaricadora para receber o Verbo humanado, iluminai com vossas luzes a minha pobre alma para conhecer e amar sempre mais este meu Salvador divino.

Ninguém pode achegar-se de Jesus Cristo, se não for a ele levado pela vossa graça. Ninguém pode penetrar no seu Coração divino, se vós, ó divino Espírito, não o conduzirdes a este santuário das predileções do Pai. Por obra e graça vossa é que o Verbo se fez homem no seio puríssimo da Santíssima Virgem e que por vossa graça é também que ele funda em nossas almas o seu reino de vida, de justiça, de amor.

A vós recorremos, pois, Divino Espírito Santo, nestes dias em que com a santa Igreja comemoramos o seu nascimento. Dai-nos um aumento de graça, fazei com que ele viva sempre mais em nossas almas e que sua vida influencie sempre mais em todo nosso modo de pensar, sentir e agir. Amém.

### Para o tempo da Epifania

Divino Espírito Santo, a quem Jesus Cristo confiou o cuidado de manifestá-lo aos homens, vinde a nossos corações neste tempo da Epifania e revelai-nos os mistérios insondáveis do Verbo humanado. Fazei-nos conhecer nosso Salvador e Deus, fazei-nos imitar sua vida divina, fazei-nos seguir em tudo sua doutrina sagrada!

Dai-nos a Jesus Cristo e ele nos basta! Ele será o sol que nos ilumina nos caminhos deste mundo; ele será o manancial perene que nos confortará nos momentos de tristeza e de desânimo; ele será nossa dulcíssima esperança no tempo e na eternidade.

Consumai em nós a vossa obra, Divino Espírito Santo, dissipando de nós tudo o que não é Jesus Cristo, para que em tudo o que pensamos e agimos manifestemos a sua vida em nós. Amém.

### Para o tempo da Quaresma e Paixão

Divino Espírito Santo, Espírito de piedade e temor de Deus, vinde a minha alma nestes dias de recolhimento e de penitência para que convosco medite devidamente a dolorosíssima paixão e morte de Nosso Senhor Jesus Cristo, abrase-me mais no seu amor e compreenda os divinos ensinamentos que nelas são contidos.

Inspirai-me, Divino Espírito Santo, verdadeiro temor de Deus que ofendi, para que deteste sempre mais as minhas faltas passadas, delas faça dignos frutos de penitência e as emende para o futuro!

Dai-me os vossos sete dons para que me mantenha dora em diante nas sendas da justiça e jamais me aparte do meu Deus e tudo!

Com a vossa graça, Divino Espírito Santo, pronto estou a sofrer tudo o que a Providência divina achar por bem impor-me, para que assim juntamente com os sofrimentos do meu Salvador divino satisfaça a vossa divina majestade justamente irada pelos meus pecados!

Permanecei, pois, vós comigo, para que tenha a força de oferecer-vos este completo sacrifício de mim mesmo. Amém.

### Para o tempo da Páscoa

Divino Espírito Santo, espírito de santa alegria, consolador celeste, convosco me regozijo intimamente pela gloriosa ressurreição do meu Senhor Jesus Cristo. Não permaneceu o meu Salvador Divino nas presas da morte, que nele nenhuma parte tinha, mas como triunfador glorioso saiu do sepulcro para nunca mais morrer.

Ó Divino Espírito Santo, concedei-me a graça de ressuscitar como meu Salvador da morte do pecado e de viver de dia em dia uma vida nova, como filho da luz, herdeiro do céu! Não, o mundo já não terá parte em mim! Continuamente levantarei o meu coração e o meu pensamento para o alto do céu onde está o meu Senhor convosco e o Pai Eterno, reinando e preparando-me um reino eterno!

Oh! não permitais, Espírito de fortaleza, que eu volte à morte de minhas misérias, mas conservai em mim pela vossa graça o esplendor de uma vida cristã. Amém.

### Para a oitava de Pentecostes

#### Segunda-feira

OREMOS. Ó Deus, que enviastes aos vossos apóstolos o Santo Espírito: concedei a vosso povo o efeito da piedosa petição; para que prodigalizeis a paz àqueles a quem já destes fé. Por Cristo Nosso Senhor. Amém.

Vinde, Santo Espírito, enchei os corações dos vossos fiéis: e acendei neles o fogo do vosso amor.

*Reze-se ainda a* Sequência *ou o* Hino.

#### Terça-feira

OREMOS. Assista-nos, vo-lo rogamos, Senhor, a força do Espírito Santo: ela purifique na sua clemência nossos corações e nos defenda de todas as adversidades. Por Cristo Nosso Senhor. Amém.

Acenda Deus nos nossos corações o fogo de seu amor.

*Reze-se ainda a* Sequência *ou o* Hino.

### Quarta-feira

OREMOS. Rogamo-vos, Senhor, que o Paráclito, que de vós procede, ilumine as nossas almas: e nos induza, como prometeu vosso Filho, em toda verdade. Pelo mesmo Cristo Senhor Nosso. Amém.

Aleluia. O Espírito do Senhor encheu o orbe da terra, vinde adoremos, aleluia.

*Reze-se ainda a* Sequência *ou o* Hino.

### Quinta-feira

OREMOS. Ó Deus, que instruístes no dia de hoje os corações dos vossos fiéis com o fogo do Espírito Santo, concedei-nos que neste mesmo Espírito conheçamos o que é reto e gozemos sempre da sua consolação. Por Cristo Nosso Senhor. Amém.

O Espírito Paráclito vos ensinará tudo e vos induzirá na compreensão de toda a verdade.

*Reze-se ainda a* Sequência *ou o* Hino.

### Sexta-feira

OREMOS. Dai, vo-lo pedimos, Deus misericordioso, à vossa Igreja: que, reunida pelo Espírito Santo, não seja perturbada por incursão inimiga. Por Cristo Nosso Senhor. Amém.

A graça do Espírito Santo ilumine nossos sentidos e nosso coração.

*Reze-se ainda a* Sequência *ou o* Hino.

### Sábado

OREMOS. Infundi, benigno, vo-lo rogamos, Senhor, nas nossas mentes o Espírito Santo; por cuja sabedoria fomos criados e por cuja providência somos governados. Por Cristo Nosso Senhor. Amém.

A caridade de Deus está derramada em nossos corações pelo Espírito Santo que habita em nós.

*Reze-se ainda a* Sequência *ou o* Hino.

### No tempo depois de Pentecostes

Fica no poder de cada qual escolher das orações que seguem as que mais lhe agradam, ou repetir um dia da novena, sendo contudo preferível usar muito as orações especialmente recomendadas e indulgenciadas pela Igreja: A *Sequência* e o *Hino*.

### Para as festas de Maria Santíssima

Divino Espírito Santo, que vos dignastes escolher a Virgem das virgens para vossa predileta esposa e a enchestes de vossa graça especialíssima, tornando-a a obra-prima da criação e confiando-lhe a distribuição de todas as vossas graças aos homens na terra, a vós recorro, suplicando-vos um amor sempre mais terno para a Mãe Santíssima.

Graças mil vos rendo, Divino Espírito Santo, do íntimo do meu coração por todos os privilégios com que tendes condecorado essa querida Mãe e eternamente no céu bendirei a vossa liberalidade.

Iluminai o meu espírito para que eu compreenda claramente o excepcional valor da devoção à Santíssima Virgem para a minha própria santificação e concedei-me o favor de viver sempre junto dela, amparado pela sua maternal proteção. Amém.

## Outra oração para alcançar os dons do Espírito Santo
*(do Cardeal Manning)*

Deus Espírito Santo, a quem tantas vezes entristeci, a quem desde minha infância até hoje tantas vezes resisti, enchei-me de reverência por vossa pessoa, vossa essência, vossa presença e vosso poder. Fazei que conheça a graça dos vossos sete dons: o dom da inteligência e da ciência, o dom do conselho e da fortaleza, o dom da sabedoria e da piedade e o dom do temor de Deus.

Sois o amor entre Pai e Filho. Batizais com fogo e derramais o amor nos corações: infundi vosso amor no meu coração. Só uma coisa pedi de Deus; não riquezas nem bem-estar, não poder, não alegrias passageiras nem bens temporais. O que desejo é apenas uma centelha do vosso divino fogo, para ser abrasado inteiramente nas chamas do amor de Deus.

Que este fogo santo me purifique de todas as manchas do corpo e da alma.

Enchei-me com vossa septiforme dádiva. Aceitai-me como vítima agradável. Inflamai-me de zelo, dai-me arrependimento, a fim de que viva e morra como fervoroso penitente. Amém.

## Orações para alcançar os doze frutos do Divino Espírito Santo

Espírito Santo, amor eterno do Pai e do Filho, dignai-vos conceder-me os vossos doze frutos: o fruto da caridade, que me una inteiramente convosco pelo amor; o fruto do gozo, que me encha de santa consolação; o fruto da paz, que produza em mim a tranquilidade da alma; o fruto da paciência, que me faça sofrer tudo por amor de

Jesus e Maria; o fruto da benignidade, que me leve a socorrer de boa vontade às necessidades dos que sofrem; o fruto da bondade, que me torne benfazejo e clemente a todos; o fruto da longanimidade, que me faça esperar com paciência em qualquer demora; o fruto da brandura, que me faça suportar com toda a mansidão o que o próximo tem de incômodo; o fruto da fé, que me faça crer firmemente na palavra de Deus; o fruto da modéstia que regule todo o meu exterior, enfim, os frutos da continência e castidade, que conservem as minhas mãos inocentes e o meu coração limpo e imaculado.

Espírito Divino, fazei que a minha alma seja para sempre a vossa morada e o meu corpo vosso sagrado templo. Habitai em mim e ficai comigo na terra, para que eu mereça ver-vos eternamente no reino da glória. Amém.

\* \* \*

Ó Espírito Santo, vós vos dignastes ensinar-nos pelos ensinamentos de São Paulo a viver conforme vossos mandamentos e não conforme a carne, a fim de que participemos dos vossos doze frutos: Amor, gozo, paz, paciência, humildade, benignidade, bondade, longanimidade, brandura, fé, modéstia e castidade. Suplico-vos ardentemente me concedais estes maravilhosos frutos, aos quais nenhum da terra se compara em beleza e doçura. Deixai que neles minha alma se fortaleça e deleite. Auxiliai-me com vossa divina graça, a fim de alcançar estes preciosos frutos e suas virtudes para viver cristãmente e nos derradeiros momentos me apresentar como uma árvore carregada de preciosos frutos e merecer ser transplantado para o jardim do paraíso celestial. Assim seja.

## Oração de Santo Agostinho ao Espírito Santo

Vinde instantemente, ó Espírito Divino, consolador dos aflitos, alegria dos corações, alívio nos infortúnios! Vinde, ó Santificador das almas, Mestre dos humildes, Pai santo dos órfãos, sustentáculo dos pobres. Infundi no íntimo da minha alma a força da vossa divina graça. Sustentai minha fraqueza com o vosso poderoso braço. Inflamai minha tibieza com o vosso fogo santíssimo. Penetrai santamente o meu coração com uma seta da vossa caridade suavíssima. Dai-me a provar uma gota das vossas celestiais doçuras, para que, no futuro, eu aborreça todos os prazeres mundanos, e somente procure gozar as doçuras que vêm de vós, ó Espírito Santo. Amém.

## Oração ao Divino Espírito Santo
*pela bem-aventurada Crescência*

Vinde, ó Divino Espírito Santo, Espírito de todo o amor e misericórdia, consolador das almas tristes, amigo e rei dos corações. Vinde, santificador dos pecadores, médico dos enfermos, Espírito dos humildes, arrimo dos fracos, pai bondoso dos órfãos e desamparados. Vinde, eterna luz, eterno Deus, essencial amor recíproco do Pai e do Filho. Creio em vós com fé ardente, espero em vós e na vossa infinita misericórdia, amo-vos com todo o fervor e peço-vos que, pela feliz união e fiel aliança do amor, minha alma em vós se conforte. Sim, penetrai a minha alma com a força da vossa clemência, amparai com vossa nada com vossas chamas dispensadoras de todas as riquezas.

Enchei meu coração da vossa pura e doce caridade. Feri minha alma com as flechas do amor divino e derramai nela algumas gotas da vossa celestial doçura, a fim de que prefira as coisas celestiais a tudo que é mundano, pondo toda a minha felicidade em vós que sois com o Pai e o Filho meu único fim, meu Deus e meu tudo. A vós sejam dadas todas as ações de graças, adorações e louvores da humanidade agora e por toda a eternidade. Assim seja.

## Oração ao Divino Espírito Santo
*pelo Pe. Martinho de Cochem*

Deus Pai, suplico-vos ardentemente, dai-me o Espírito Santo. Vosso querido Filho, feito homem por vosso amor, disse que daria o Espírito Santo a todos aqueles que vo-lo pedissem em seu nome. Suplico-vos encarecidamente, dai-mo.

Ó meu Senhor Jesus Cristo, concedei-me o Divino Espírito Santo.

Ó Maria Santíssima, alcançai-mo. Anjos, santos apóstolos e todos os demais santos, intercedei a fim de que obtenha o Divino Espírito Santo.

Santíssima Trindade, rogo-vos, pelos méritos da mais pura das virgens e de todos os santos, vos digneis conceder-me o Espírito Santo.

Suplico-vos pelas santas missas, comunhões, devoções, orações, sacrifícios, esmolas e obras boas que na Igreja se têm feito e ainda se farão, compadecei-vos de mim e fazei-me participar das graças do Espírito Santo.

Ó amantíssimo Deus, a vós me dirijo em nome de Jesus. Pelo seu precioso sangue, pelo seu divino Coração e pela superabundância dos seus merecimentos vos suplico que não me negueis o Espírito Santo.

Santo Deus, que pelo vosso amor incomparável e misericórdia infinita enviastes o vosso Espírito, dignai-vos concedê-lo a mim pobre pecador.

Ó adorável Espírito Santo, tende misericórdia de mim e dignai-vos ouvir minha ardente súplica. Assim seja.

*Com aprovação eclesiástica*